# Road Transportation Safety
# 道路安全运输

## 隧道火灾事故预防与应急处置

交通运输部公路科学研究院 编著

Tunnel Fire Prevention and Emergency Handling

人民交通出版社股份有限公司

北京

## 内容提要

本书介绍了公路隧道火灾事故危害及特征、隧道内安全应急设施使用方法、隧道火灾事故预防措施、火灾应急处置措施与逃生方法。

本书可供道路运输驾驶员、危险货物运输押运员教育培训使用，也可作为道路运输企业主要负责人和安全管理人员的学习资料。

**图书在版编目（CIP）数据**

道路安全运输：隧道火灾事故预防与应急处置 / 交通运输部公路科学研究院编著. — 北京：人民交通出版社股份有限公司，2021.5
ISBN 978-7-114-17269-4

Ⅰ. ①道… Ⅱ. ①交… Ⅲ. ①公路隧道—火灾—灾害防治 Ⅳ. ①U459.2

中国版本图书馆 CIP 数据核字（2021）第 075436 号

Daolu Anquan Yunshu——Suidao Huozai Shigu Yufang yu Yingji Chuzhi

| | |
|---|---|
| 书　名： | 道路安全运输——隧道火灾事故预防与应急处置 |
| 著作者： | 交通运输部公路科学研究院 |
| 责任编辑： | 姚　旭　王金霞 |
| 责任校对： | 孙国靖　龙　雪 |
| 责任印制： | 张　凯 |
| 出版发行： | 人民交通出版社股份有限公司 |
| 地　址： | （100011）北京市朝阳区安定门外外馆斜街3号 |
| 网　址： | http://www.ccpcl.com.cn |
| 销售电话： | （010）85285857 |
| 总 经 销： | 人民交通出版社股份有限公司发行部 |
| 经　销： | 各地新华书店 |
| 印　刷： | 北京建宏印刷有限公司 |
| 开　本： | 787×980　1/32 |
| 印　张： | 3.375 |
| 字　数： | 45千 |
| 版　次： | 2021年5月　第1版 |
| 印　次： | 2025年7月　第2次印刷 |
| 书　号： | ISBN 978-7-114-17269-4 |
| 定　价： | 15.00元 |

（有印刷、装订质量问题的图书由本公司负责调换）

# 编写组

主　　编：张国胜

副 主 编：秦　箫　　杜林森　　姜慧夫
　　　　　刘宏利

编写成员：任春晓　　周　炜　　高　卓
　　　　　杨丽改　　刘　倡　　白增江
　　　　　刘春雪　　刘振东　　刘树茂
　　　　　张国新　　张　玲　　张学文
　　　　　罗文慧　　车霄宇　　胡　猛

主　　审：苗泽青

# 前言

公路隧道(以下简称"隧道")是专供汽车运输行驶的通道,是重要的交通基础设施,被称为道路的"咽喉控制段"。隧道在改善公路技术状态、缩短运行距离、提高运输能力、减少事故等方面起到重要的作用,给人们生产、生活带来了便利。但是,一旦隧道内发生事故,其严重程度和对路段的影响都大于开放式道路。隧道交通事故以追尾、火灾、侧翻、碰撞等为主,其中追尾事故最多,但火灾事故造成的事故后果和损失程度最为严重。与一般道路和桥梁相比,隧道结构设施复杂、环境封闭、逃生救援困难,一旦发生车辆自燃或其他火灾,火势易快速蔓延且积聚大量的高温浓烟,导致驾乘人员疏散和灭火抢险困难。随着我国隧道运营里程不断增加,当前我国隧道火灾事故频率呈现不断上升的态势,火灾频度总体较高，造成了巨大的人员伤亡和经济损失。

隧道内发生火灾时，若车辆无法及时驶出，驾乘人员应科学主动地进行应急处置与安全逃生，以争取更多的生存机会。然而，近年来多起隧道火灾事故案例表明，驾乘人员应对隧道内突发火灾的能力明显不足，普遍缺乏隧道行车安全和消防安全知识，多数不会正确使用隧道内消防设施，缺少必备的逃生知识与技能。如沪昆高速公路湖南怀化段"10·25"雪峰山隧道火灾事故，肇事货车中的两名驾驶员在起火后未及时利用近在咫尺的消防设施进行灭火，错过了灭火黄金期，导致火情失控蔓延。此外，隧道内撤离的63人中仅10人按规定利用人行横通道安全逃生。因此，驾乘人员掌握正确的隧道火灾事故预防与安全应急技能成为火情快速处置和人员安全疏散的关键。

编写组依托交通运输部"道路运输安全与应急救援创新团队"的多年行业研究与实践经验，联合河北高速公路集团有限公司张承张家口分公司共同编写了《道路安全运输——隧道火灾事故预防与应急处置》，主要提出了隧道火灾事故危害及特征、隧道内安全应急设施使用、隧道火灾事故预防措施、隧道内火灾应急处置措施与逃生方法等驾驶员应知应会的基础知识，以期能使更多驾驶员学习掌握隧道安全行车技术和正确处置火灾事故的方法，同时可为隧道管理人员提供参考。

交通运输部安全与质量监督管理司、公路局、运输服务司等司局领导对本书编写出版全程给予了专业、权威的指导和帮助，并提出了建设性的意见和建议。本书在编写过程中，得到了中国公路学会和中国物流与采购联合会的大力支持和配合，人民交通出版社股份有限公司也对本书出版给予了大力支持，在此一并表示感谢。由于时间紧迫，书中难免有不足之处，请各位读者予以指正。

**《道路安全运输——隧道火灾事故预防与应急处置》编写组**
**2021年4月**

# 目录

一、隧道火灾事故危害及特征 …………… 1
（一）隧道火灾事故危害性 …………… 1
（二）隧道火灾事故应急处置启示 …… 8
（三）隧道火灾原因分析 ………………10
（四）隧道火灾事故特征规律 …………11

二、隧道安全应急设施 ……………………13
（一）交通安全设施标志 ………………13
（二）交通控制及诱导设施 ……………20
（三）紧急呼叫设施 ……………………24
（四）隧道广播设施 ……………………28
（五）消防设施与逃生通道 ……………30
（六）紧急停车带 ………………………50

## 三、隧道火灾事故预防·················53
（一）行车前安全风险防控·················53
（二）隧道内安全行车法则·················63

## 四、隧道火灾事故处置·················74
（一）隧道火灾处置原则·················74
（二）隧道火灾应急处置·················75
（三）隧道火灾逃生方法·················88

# 一 隧道火灾事故危害及特征

隧道已成为公路交通运输的重要基础设施，是安全出行和快捷运输的关键节点。隧道在贯穿崇山峻岭、穿越江河湖海、节约土地资源、保护生态环境、抗御自然灾害等方面有着明显优势。隧道在给人们生产、生活带来便利的同时，也存在潜在的威胁。虽然隧道较普通开放式道路发生的事故数量少，但在隧道内发生事故时，其影响往往远大于开放式道路，尤其是发生火灾事故，其后果极具破坏性和危险性。

##  隧道火灾事故危害性

据不完全统计，近20年我国发生隧道火灾险情和事故160余起，其中重特大事故3起，累计造成105人死亡。隧道火灾事故数量总体相对较少，但事故后果与危害严重，尤其是易燃易爆类物品运输车辆火灾事故危害巨大，极易造成人员伤亡、车辆损毁、隧道设施和结构破坏，甚至引发群死群伤重特大事故,并给国家财产和人民生命安全造成重大损失,社会负面影响较大。

 典型案例1

## 沪昆高速公路湖南怀化段"10·25"雪峰山隧道火灾事故

2020年10月25日1时53分,一辆半挂车行经沪昆高速公路湖南怀化段雪峰山隧道时,车辆右后侧轮胎出现起火冒烟现象。经周围车辆驾驶员及隧道内广播系统提醒后,驾驶员立刻停车扑救(距隧道出口仅500m),但轮胎燃烧引燃装载货物发生爆炸,导致火势快速蔓延,多辆车和70余人滞留隧道内。2时16分许,高速公路应急人员到达现场并迅速疏散事发方向隧道内的7辆车和65名滞留人员以及对向隧道内的10名滞留人员。事故造成2名事故车辆驾驶员死亡,31辆车被烧毁,直接经济损失人民币3500万元。

**事故直接原因:**

事发地点距离隧道出口不足500m,事故车辆驾驶员未及时将车辆驶出隧道,且未使用隧道侧墙设置的消火栓进行灭火,错过了灭火黄金期,导致火情持续扩大并引发爆炸。此外,两名事故车辆驾驶员在逃生过程中未选择从其途经的人行横通道进入对向隧道逃生,导致二人吸入浓烟后窒息死亡。

暴露出的问题:

依据湖南省有关部门进行的深入调查,此次事故暴露出来的问题包括:①事故车辆驾驶员对突发情况应急处置方法与能力缺失;②事故车辆驾驶员及隧道内滞留人员缺乏应急逃生技能,火情快速升级后未能及时采取正确有效的逃生避险措施。

 ▶ 典型案例2

## 沈海高速公路浙江台州段"8·27"猫狸岭隧道火灾事故

2019年8月27日18时24分,一辆半挂车行经沈海高速公路台州段猫狸岭隧道（杭州往临海方向）时，半挂车左侧第四轴内侧轮胎爆胎。事故车辆驾驶员未及时发现险情，继续行驶至距隧道入口1775m（靠近隧道中间）处时，半挂车第五轴右侧轮胎处出现起火燃烧现象，火势快速引燃车上装载的合成革货物，释放出大量有毒浓烟，并迅速向行车方向蔓延，导致10辆车及车内36人滞留。事故共造成隧道内滞留人员及救援人员5人死亡、31人不同程度受伤（其中15人重伤），隧道设施、途经车辆、事故货车及货物严重受损，直接经济损失人民币500余万元。

**事故直接原因：**

事发时，事故车辆制动器处于拖滞、卡滞状

态，使车轮温度升高引发轮胎起火。事故车辆驾驶员在发现火情后，未及时将车辆驶出隧道，也未使用隧道侧墙设置的消火栓进行灭火，错过了灭火黄金期。火情扩大后，事故车辆驾驶员忽视所载皮革制品的易燃品属性，未及时使用隧道内手动报警按钮、紧急电话报警请求救援，导致火情扩大并产生大量有毒气体。在火情失控后，事故车辆驾驶员先行逃生，未警示周围车辆及疏散相关人员，导致大量车辆及车内人员滞留隧道内。

**暴露出的问题：**

依据浙江省有关部门对此次事故进行的深入调查，暴露出来的问题包括：①事故车辆驾驶员对车辆日常维护及行车前检查制度落实不到位，缺乏事故防范意识；②事故车辆驾驶员缺乏货物理化属性知识及相应的特情处置方法与能力；③事故车辆驾驶员缺乏隧道消防安全知识（驾驶员在轮胎起火初期用灭火器未能有效控制住火势），不会正确使用隧道消防设施；④隧道内滞留人员逃生意识及能力不足，错过了逃生时机。

典型案例3

## 晋济高速公路山西晋城段岩后隧道"3·1"特别重大道路交通危化品燃爆事故

2014年3月1日14时45分许,两辆运输甲醇的半挂车在行经晋济高速公路山西晋城段岩后隧道(北向南方向)时,由于紧急制动不及发生碰撞,致使后车前部与前车尾部铰合在一起,造成前车尾部的防撞设施及卸料管断裂、甲醇泄漏。事故车辆驾驶员与押运员未及时报警求援并擅自挪动车辆,致使后车前部损坏并引发电气短路,引燃前车泄漏的甲醇并形成流淌火。事发后,受气象和地势条件的影响,隧道内气流由北向南,且隧道南高北低形成"烟囱效应",致使火情快速蔓延升级,大量高温有毒烟气迅速向隧道内南出口蔓延,导致隧道内滞留的另外两辆危化品运输车和31辆煤炭运输车等车辆被引燃、引爆。事故造成40人死亡、12人受伤,42辆车被烧毁,隧道受损严重,直接经济损失人民币8197万元。

**事故直接原因：**

事故车辆中的前车未按照设计及批准要求充装介质，未按标准规定安装紧急切断阀，导致车辆被撞击后所载甲醇泄漏。事故车辆中的后车超载影响了车辆制动性能，且在进入隧道前未降低车速，导致驾驶员短时间内难以适应光线瞬间变暗，未能及时发现停在前方的车辆，造成制动不及时（距前车仅 5~6m 时才采取制动措施）发生追尾事故。追尾后，驾驶员在前车甲醇泄漏后未及时关闭发动机的情况下挪动车辆，导致产生明火引燃甲醇发生爆炸事故。起火后，前后两车驾驶员与押运员擅离职守先行逃离，既未警示与组织周围车辆与人员撤离，也未及时使用手动报警按钮、紧急电话报警请求支援。

**暴露出的问题：**

依据山西省有关部门对此次事故进行的深入调查，暴露出来的问题包括：①事故车辆驾驶员缺乏隧道安全行车常识，进入隧道前未减速以适应光线变化带来的视觉障碍；②事故车辆驾驶员和押运员安全驾驶意识差，习惯性违章操作（罐体底部卸料管根部球阀长期处于开启状态），缺乏自身事故防范意识；③事故车辆驾驶员突发事件应急处置能力培训不到位，易燃易爆危化品运输车辆被追尾后泄漏事故处置（擅自挪动车辆，引发电气短路）措施不当；④部分驾乘人员在遇到隧道内发生火灾后停留在车内（为防止财产受损），逃生意识较弱，没有果断选择弃车逃生，错过了逃生时机。

## 二 隧道火灾事故应急处置启示

总结近年来隧道火灾事故特征及规律，围绕事故车辆驾驶员暴露出来的问题主要包括以下5个方面：

（1）缺乏隧道安全设施知识。多数驾驶员不知道隧道内设置了消防设施、手动报警按钮、紧急报警电话等设施,或是不了解安全设施的用处、标志含义及布设位置等,仅少量驾驶员知晓隧道内设有逃生通道。

(2)缺乏隧道安全行车知识。部分驾驶员驾驶风格激进,行车前安全检查不到位或缺失,长期习惯性违法操作,超载、超速、随意变道、不按标志标线行驶等问题严重影响隧道内的行车安全。

(3)缺乏火灾应急处置能力。多数驾驶员应对突发火情的能力不足,起火后常将事故车辆停放在隧道内行车道内,且不了解货物的理化属性及灭火方法,不会正确使用隧道内侧壁设置的消防设施、隧道内手动报警按钮、紧急报警电话等。

(4)缺乏隧道应急逃生方法。多数驾驶员未经过专项应急逃生培训与演练,在面对突发情况时常出现慌不择路、防护不当或缺失等现象,导致滞留被困或吸入浓烟等,造成人员伤亡。

(5)缺乏责任与互助意识。部分驾驶员在车辆起火或爆炸后立即逃生,未能及时布置警示标志并报警,逃生过程中缺乏组织疏散、自救互助意识，常导致后方人员混乱滞留和错失最佳救援时间。

## 🟠 三 隧道火灾原因分析

隧道火灾的原因复杂多样，往往由多种因素共同作用造成。通过归纳分析近20年发生的100余起中、大型隧道火灾事故，隧道火灾的原因主要涉及以下几个方面：

（1）车辆自身故障。车辆自身故障引发的隧道火灾占隧道火灾事故的63%，其中车辆发动机起火占22%，车辆轮胎起火占18%，车辆电气线路起火占7%，车辆自身其他原因起火占16%。典型的事故如沈海高速公路浙江台州段"8·27"猫狸岭隧道火灾事故和1999年法国至意大利的勃朗峰隧道火灾事故。

（2）车辆交通事故。车辆交通事故引发的隧道火灾占隧道火灾事故的18%，如车辆追尾、失控、侧滑、侧翻、撞击隧道侧壁等。典型的事故如晋济高速公路山西晋城段岩后隧道"3·1"特别重大道路交通危化品燃爆事故和1997年日本静冈县烧津隧道火灾事故。

（3）货物自燃事故。货物自燃事故引发的隧道火灾占隧道火灾事故的7%，主要为普通车辆混装或者违法运输易燃易爆物品，以及运输过程缺乏防护措施。典型的事故如沪昆高速公路湖南怀化段"10·25"雪峰山隧道火灾事故和2001年美国霍华德城市隧道火灾事故。

（4）其他原因事故。其他原因引发的隧道火灾事故占隧道火灾事故的12%，主要包括隧道自身原因和人为破坏原因两方面。隧道自身原因包括隧道电气线路或电气设备短路，养护和施工作业时使用明火等；人为破坏原因包括纵火、吸烟、恐怖袭击等。

## 四 隧道火灾事故特征规律

隧道结构狭长、管状密闭，隧道火灾事故具有成灾过程快、救援难度大、次生风险高、事故损失重、社会影响大等特点。我国隧道火灾事故主要有以下分布特征与规律：

（1）车辆自身故障是诱发隧道火灾事故的主要因素，主要包括发动机起火、轮胎起火、车辆电气线路起火等。

（2）夏、冬两季是隧道火灾事故的多发时段。夏季隧道火灾多发原因为高温干燥天气增加了车辆轮胎起火，发动机、电气线路起火以及货物自燃的风险；冬季隧道火灾多发原因为大雾或冰冻天气易导致交通事故，进而引发火灾。

（3）货车是造成隧道火灾事故的主要车型。易燃、易爆物品等危险货物运输车辆的事故风险与事故危害程度显著高于普通货物运输车辆。

（4）山岭区域是隧道火灾事故的多发区域。山岭区域长大隧道占比较高，且常存在坡度较大与长陡坡路段相连等情况，车辆易出现制动失效、轮胎或发动机起火等。

（5）隧道进出口位置是隧道火灾事故易发位置。与长大纵坡路段相连的隧道洞口处，常因车辆制动衰减失效、驾驶员明暗视觉延迟等易发生交通肇事，继而引发火灾或爆炸事故。

（6）经济发达地区是隧道火灾事故的高发地区。依据交通事故统计，华东地区隧道火灾事故发生次数最多。经济发达地区由于交通量大、车辆混杂、货物类型多，增加了隧道内交通事故以及火灾风险。

## 二 隧道安全应急设施

为提升营运车辆驾驶员隧道突发事件处置能力，使驾驶员掌握隧道安全行车和应急逃生技能，这里重点介绍交通安全设施标志、交通控制及诱导设施、紧急呼叫设施、火灾探测警报设施、消防设施与逃生通道、紧急停车带等隧道安全应急设施知识。

### 一 交通安全设施标志

#### 1 安全行车标志

为规范隧道内驾驶员的行车行为，降低事故发生概率，隧道内设计了标线和标志，如限速标志、禁止变道、禁止超车等标志。

| 交通标志 | 标志含义 | 说　明 |
|---|---|---|
|  | **限制高度标志**<br>（1）提示进入隧道行驶的车辆需要满足隧道所要求的高度限制；<br>（2）标志通常设在隧道入口前150m，与限高杆配合使用，防止意外发生 | 由于隧道自身结构特殊，超高车辆会对隧道结构及设施造成损坏，一旦超高车辆卡在隧道内，会对交通流造成重大影响。建议行车前查询相关路况，进行自检自查 |
|  | **最高车速限制标志**<br>（1）提示进入隧道行驶的车辆注意隧道内行车允许的最高车速；<br>（2）限速标志一般设置在隧道入口前100~200m的显著位置，一些隧道内部也有限速提醒 | 有别于道路及桥梁，隧道内光线差、噪声大、空间密闭，对驾驶员行车有一定影响，应降低车速，平稳驾驶 |
|  | **禁止超车标志**<br>（1）提示车道内禁止超车行为；<br>（2）通常设置于隧道入口处 | 由于隧道内特别是进出隧道口处光线差，并且通常只有2~3条车道，因此隧道内严禁变更车道超车，更不能掉头 |

| 交通标志 | 标志含义 | 说　明 |
|---|---|---|
|  | **禁止停车标志**<br>（1）提示隧道内禁止临时或长时间停车；<br>（2）通常设置于隧道入口处 | 隧道内行车环境较特殊，空间相对密闭、光线较暗、噪声较大，因此应在规定车速内尽快通过。隧道内发生事故往往救援难度较大，所以要牢记隧道不是遮风挡雨与休息的场所，任何情况禁止停车，包括临时停车 |
|  | **禁止鸣笛标志**<br>（1）提示隧道内禁止使用车辆喇叭；<br>（2）通常设置于隧道入口处 | 隧道拢音效果比较明显，按喇叭产生的噪声比在隧道外效果更明显，对自己和他人行车都会造成干扰 |
|  | **隧道开车灯警告标志**<br>（1）提示进隧道前减速开灯；<br>（2）通常设置于隧道入口前30~250m处 | 白天进隧道时光线瞬间变暗，人眼需要适应，因此进隧道前应降低车速、开启前照灯 |
|  | **隧道保持车距警示标志**<br>（1）提示进入隧道保持足够安全车距；<br>（2）通常在隧道入口处与隧道开车灯警告标志合并设置 | 由于进出隧道时会出现短暂的视线致盲，因此应保持较远车距。一般隧道内行车距离要保持100m以上，具体可根据提示调整 |

二　隧道安全应急设施

15

| 交通标志 | 标志含义 | 说　明 |
| --- | --- | --- |
|  | **解除最高车速限制标志**<br>（1）提示行车限速已结束，可按规定正常行驶；<br>（2）通常设置于隧道出口外 | 与驶入隧道时相同，驶出隧道时同样应降低车速，但在眼睛适应外界光线后应加速离开，以免给后车造成危险 |
|  | **解除超车限制标志**<br>（1）提示正常变道超车限制已结束，可按规定正常行驶；<br>（2）通常在隧道出口外与解除最高车速限制标志同址设置 | 驶出隧道后行车条件逐渐改善，道路上标线也从隧道内不可变更车道的实线变为可以变更车道的虚线，此时可遵守交通法规正常驾驶 |

2 应急指示标志

依据《隧道设计规范　第二册　交通工程与附属设施》（JTG D70/2—2014），为配合人员疏散及消防救援，隧道内还设置了应急疏散标志、设备指引标志等。

| 设施标志 | 标志含义 | 说　　明 |
|---|---|---|
|  | **紧急停车带标志**<br>（1）提示隧道内紧急停车带的位置；<br>（2）通常为电光标志，位于隧道行车方向右侧紧急停车带前5m、距地面2.5m以上的洞壁处，设置间隔约750m。隧道内紧急停车带长为50m，与紧急电话、手动报警按钮及消防设备同址设置 | 虽然明确隧道内任何情况下禁止停车，但为保障行驶车辆突发故障导致无法驶离隧道这一情况下的隧道安全，多数长大隧道设置了紧急停车带，供驾乘人员在特殊情况下使用 |
|  | **紧急电话指示标志**<br>（1）提示隧道内紧急电话的位置；<br>（2）通常为电光标志，设置于紧急电话上方距检修道2.5m的洞壁处 | 隧道内紧急电话可用于直接与隧道中央控制中心联系，火灾发生后有利于专业力量及时开展救援，因此紧急电话是报告火灾等突发事件的首选方式 |
|  | **消防设备指示标志**<br>（1）提示隧道内消防设施的位置；<br>（2）通常为电光标志，设置于消防设备上方距检修道2.5m的洞壁处 | 此标志显示墙式消火栓（内有灭火器、消火栓及/或水成膜泡沫消火栓）等设施 |

二　隧道安全应急设施

| 设施标志 | 标志含义 | 说　　明 |
|---|---|---|
|  | **疏散指示标志**<br>（1）提示隧道此处距左右两端疏散通道的距离；<br>（2）通常为电光标志，位于隧道两侧距检修道上方1.3m内的洞壁处，标志间隔约为50m | 应急疏散标志主要提供两个重要信息：一是指明逃生出口的方向；二是在逃生出口方向下方标注了从此处到对应方向逃生出口的距离。隧道内滞留人员通过此标志可以迅速判断最近的逃生出口，为自救赢得时间 |
| | **人行横通道指示标志**<br>（1）提示隧道人行横通道位置；<br>（2）通常为电光标志，在人行横通道顶部，底距检修道2.5m，洞壁处有明显的指示标识 | 部分隧道设置人行横通道作为紧急疏散逃生通道，在出口处以人行横通道标志作为逃生出口标志。紧急情况下，驾乘人员可按照指示标志逃生疏散 |
|  | **车行横通道指示标志**<br>（1）提示隧道车行横通道位置；<br>（2）通常为电光标志，设置于车行横通道洞口右侧距地面不低于2.5m的洞壁处 | 部分隧道设置车行横通道作为紧急疏散逃生通道，在出口处以车行横通道标志作为逃生出口标志 |

### 看到疏散指示标志，你知道如何逃生吗？

指示标志显示了当前你所处的位置左右两端均设有逃生出口，此时距左端出口20m，距右端出口280m。在疏散逃生过程中，在确认无危险的情况下，应选择距离自己较近的逃生出口进行疏散。

### 隧道内的标志及其维护

隧道内外的各类标志是引导规范行车、指示安全设施的必要手段，对于保障行车安全十分重要。《隧道设计规范 第二册 交通工程与附属设施》（JTG D70/2—2014）第4.2条明确了隧道内外各类交通安全设施标志的设计规则。

二 隧道安全应急设施

隧道内安全设施标志多采用电光形式，为确保其始终处于正常状态，《隧道养护技术规范》（JTG H12—2015）第4、5部分规定了其检查维护的具体要求与频率。2019年，交通运输部发布的《隧道提质升级行动技术指南》第3部分也对此提出了具体的排查评估方法，最大限度保障广大驾乘人员在隧道行车时能得到有效的指引。

## 二 交通控制及诱导设施

隧道内的交通控制及诱导设施（又称"信息发布系统"）包括可变信息标志、车道指示器和交通信号灯等，主要用于显示对隧道内车辆前方交通运行状况及相关的控制、疏导和诱导信息，实现对隧道内交通流量和交通状态的有效控制。

### 1 可变信息标志

可变信息标志设置在隧道入口汽车联络道前或隧道内车行横通道洞口前。可变信息标志能根据管理要求改变显示内容。

可变信息标志能根据隧道运行状况，自动或

手动选择监控计算机已存储的情报显示信息内容，也能根据临时情况显示监控计算机即时编辑的显示内容。可变信息标志能以图形、文字、符号等方式为驾驶员提供下列信息情报：

（1）气象及路面状况情报，包括雨、雪、雾、冰以及路面维护等；

（2）交通运行情报，包括交通拥挤、阻塞、交通事故及其发生地点；

（3）指示、警告、诱导信息等。

### 2 车道指示器

车道指示器设置在隧道入口、出口以及车行横通道等处，隧道内直线段车道指示器设置间距约500m。车道指示器设置在隧道内各车行道中心线的上方，指示本车行道是否准许车辆通行。

一般位置的车道指示器由红叉（禁止通行）、绿箭（可以通行）两色灯组成。

车行横通道处的车道指示器由红叉（禁止通行）、绿箭（可以通行）两色灯和绿色左向箭头等组成。

正常情况下，隧道内车道指示器都是绿箭（可以通行），则表示隧道内一切正常。一旦显示红叉（禁止通行），可能是以下原因造成的：

（1）隧道内发生重大道路交通事故；

（2）隧道内出现地质灾害，如局部塌方，隧道需要紧急抢修；

（3）隧道经营单位对隧道进行养护作业；

（4）因为某项重大活动需要，对隧道进行交通管制。

### 3 交通信号灯

交通信号灯用于表示隧道交通的运行状况。交通信号灯设置在隧道入口联络通道前20~50m处，由红、黄、绿和左转箭头组成。

隧道入口无联络通道时，交通信号灯设置在距隧道入口一个停车视距处，且信号灯为红、黄、绿三色。途经隧道群时，当后一隧道入口与前一隧道出口间距小于500m时，两隧道间可不设交通信号灯。

 小知识

#### 隧道智能水幕柔性阻拦系统

隧道智能水幕柔性阻拦系统是一种在隧道发生事故时能对驾驶员进行有效信息传递，同时避免碰撞破坏的、可快速封闭隧道的应急响应系统，旨在

二 隧道安全应急设施

避免隧道内二次事故的发生及保障驾驶员的生命财产安全。

该系统以避免隧道二次事故发生、提升隧道运营管理水平为切入点,提出了公路隧道入口阻停的整体解决方案,通过水幕发生器与快速反应的投影技术相结合,可迅速产生伪全息图像横亘道路中央,传递隧道封闭的信息,即"禁止进入",提高了隧道封闭信息的可视性、安全性,解决了驾驶员在进入隧道之前忽略其他常规停车信号问题,最大限度避免了紧急情况下封闭交通造成的意外损失。

## 三 紧急呼叫设施

当发生火灾时,隧道特殊的空间结构会使得火势伴随着浓烟快速蔓延,驾乘人员无法及时疏散,专业力量无法进行大规模救援。此时,及时、准确地报警对于发现火情至关重要。涉及报警的紧急呼叫设施主要有以下几种。

### 1 紧急电话

紧急电话主要为行驶在隧道口及隧道内的驾乘人员提供紧急呼叫使用，当发生交通事故或意外情况时，驾乘人员只要拿起紧急电话分机或按通话键即可向中央控制室紧急电话台进行呼叫，报告事故情况。值班员经过确认后，会按程序组织、调度救护车、排障车和事故有关人员前往现场进行救援、排障、疏通道路，减少事故损失。

紧急电话安装于隧道内壁嵌入式箱体内，沿着隧道行车方向右侧间隔约200m设置一部。隧道内发生异常交通事件时，驾乘人员可拨打紧急电话至隧道中央控制室求助。

当隧道内发生火灾时，现场人员可打开箱门，直接拿起紧急电话听筒（无听筒可对准机身

直接通话）并按下机身上黄色通话按钮向中央控制室报警。中央控制室管理人员接到报警后会通过隧道视频监控系统及时确认，并通过隧道应急广播系统向现场人员提示告警信息，及时向相关部门报告情况，采取相应的处理措施。

 小知识

### 正确使用手机报警

考虑到手机信号在隧道覆盖度越来越高（尤其是城市隧道），利用手机报警其实也是火灾报警以及通信的一个重要手段。驾乘人员可通过拨打12122等紧急号码向专业救援机构求助，电话报警过程中要尽量保持镇静并提供有效报警信息，以便专业人员及时施救。

### 2 手动报警按钮

手动报警按钮通常设置在隧道行车方向右侧（若其防护等级低，置于防护箱内），设置高度为1.3~1.5m，设置间隔约50m，与消火栓、灭火器等消防设备配合设置。手动报警按钮主要用于隧道内发生火灾时，现场人员向中央控制室报警。

隧道内发生火灾时，现场人员可以通过按压手动报警按钮向中央控制室报警。中央控制管理系统会根据报警所在的隧道以及报警按钮编号，准确提示报警的具体位置。中央控制室管理人员接到报警后会通过隧道视频监控系统及时查看事故地点的情况，通过隧道应急广播系统向现场人员提示告警信息，并及时向相关部门报告事故情况，进行事故处理。

此外，手动报警按钮常与声光报警器配合使用，一旦有人按下手动报警按钮，同址设置的声光报警器就会通过警报声、强光提示其他人员发生火情。

## 四 隧道广播设施

当隧道内由于火灾或交通事故发生阻塞，中央控制室组织灭火或指挥疏导车辆、治理混乱、抢救受伤人员时，值班操作员可以通过隧道广播向隧道内车辆进行喊话，传递信息，疏散导向。

### 1 有线广播设施

有线广播设施通常在隧道入口、出口及人行横通道、车行横通道处，隧道内每隔50m左右设置一台扬声器。在发生事故时，中央控制室管理人员将通过有线广播设施，向隧道内人员发布信息，对车辆及人员进行疏导。此时，驾驶员要听从广播指挥。

### 2 全频段调频广播系统

隧道内设有插播功能的全频段调频广播系统。一方面，能够为隧道内用户提供调频信号，解决日常情况下隧道内无调频信号的问题；另一方面，当发生紧急事件时，隧道调频广播可实现紧急插播功能，任何频段的收音机均可接收到紧急信号，隧道管理机构可以及时将交通指令告知驾乘人员，引导其快速有序疏散。

二、隧道安全应急设施

### "群载波"紧急广播

　　隧道广播系统具有"群载波"紧急广播功能，一旦隧道内发生事故，系统会自动切换到应急广播通道，不管车载收音机正在播放哪个电台节目，都会自动切换成应急广播信号。

## 五 消防设施与逃生通道

### 1 消防设施

为有效控制隧道内的火灾事故,隧道内配套的消防设施通常有灭火器、消火栓、固定式水成膜泡沫灭火装置等。当在隧道内遇到火灾时,驾驶员可依据消防设备指示标志指引,快速选取相应的消防设施进行处置,以减少火灾造成的损失,保护人身和财产安全。长度超过1km的隧道,通常需安装消火栓和水成膜泡沫灭火装置,其他短隧道内均应配置消火栓。下面重点介绍灭

火器、消火栓、固定式水成膜泡沫灭火装置三种消防设施。

1）灭火器

灭火器是针对隧道内发生的火灾进行初期灭火用的重要工具。隧道内的灭火器通常成组设置在灭火器箱内，每组灭火器为2~3具。灭火器箱门上注明"灭火器"字样。隧道内的灭火器与随车携带的灭火器有所不同，通常选用磷酸铵盐干粉手提式灭火器，灭火剂充装量为5~8kg，适用于A、B、C、E类火灾。与手动报警按钮设置间距相同，灭火器单侧间隔为50m左右。不同类型的隧道，灭火器的设置见下表。

| 隧道形式 | 单洞双车道 | 单洞三车道 | 单洞四车道 |
|---|---|---|---|
| 灭火器设置 | 一侧 | 两侧交错 | 两侧交错 |

## 火灾分类

根据《火灾分类》（GB/T 4968—2008）规定的可燃物类型和燃烧特性，将火灾定义为六类，其中隧道内涉及以下五种类型：

（1）A类火灾指固体物质火灾，如木材、棉、毛、麻、纸张。

（2）B类火灾指液体和可熔化的固体物质火灾，如汽油、煤油、原油等。

（3）C类火灾指气体火灾，如煤气、天然气、甲烷等引起的火灾。

（4）D类火灾指金属火灾，如钾、钠、钛等合金火灾等。

（5）E类火灾指带电火灾，物体带电燃烧的火灾。

灭火器操作简单，对小规模火灾能起到一定的灭火作用，但要注意，使用者应在确保能安全逃生的前提下再使用灭火器灭火。

### 灭火器的使用方法

（1）提起灭火器。

（2）拔下保险销。

（3）用力压下手柄。

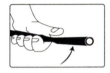
（4）对准燃烧区喷射干粉。

2）消火栓

消火栓是针对隧道内发生的火灾进行初期灭火用的放水设备。隧道内的消火栓成组安装在消防箱内，消防箱固定安装在隧道沿行车方向的右侧壁消防洞室内。通常消火栓配合水枪及水带一起使用，喷射出的水具有一定压力，能更好地灭火、抑制火焰蔓延。

### 隧道内消火栓的设置

《消防给水及消火栓系统技术规范》（GB 50974—2014）第7.4.16条规定，城市交通隧道内消火栓的间距不应大于50m，双向同行车道或单行通行但大于3车道时，应双面间隔设置。

《隧道设计规范 第二册 交通工程与附属设施》（JTG D70/2—2014）第 10.2.3 条规定，单洞双车道隧道消火栓间距约 50m，单洞三车道、四车道隧道消火栓间距约 40m。

## 消火栓的使用方法

（1）打开箱门，取出消防水带。

（2）展开消防水带。

（3）水带一头接到消火栓接口上。

（4）另一头接上消防水枪。

（5）打开消火栓的水阀开关。

（6）握紧防火枪对准火源根部，进行灭火。

3）固定式水成膜泡沫灭火装置

固定式水成膜泡沫灭火装置主要用于扑灭由油类产品引起的B类火灾，与墙式消火栓同址设置，并在箱门上用红色漆料喷涂"泡沫栓箱/泡沫灭火栓"字样，便于识别使用。固定式水成膜泡沫灭火剂（又称"轻水"泡沫）能使易燃物表面降温，并有效隔绝空气阻止进一步燃烧，但对其他危化品引发的火灾要慎重使用。

固定式水成膜泡沫灭火装置在形式上与消火栓不同，除增加泡沫液罐外，还以消防卷盘配消防软管代替了水带和水枪，使用时无须自行进行组装。

 小知识

### 固定式水成膜泡沫灭火装置的使用方法

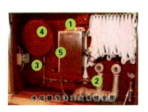

（1）逆时针拧开水成膜箱体右上方的盖帽①。　（2）逆时针打开与消火栓相连的进水开关②。　（3）逆时针打开水成膜箱体泡沫开关③。

（4）顺时针旋转软管转盘④，将软管拉出至火源附近。　（5）手持软管头，对准火源，打开管头开关（若有⑤），进行喷洒。

此外，部分隧道安装了灭火喷淋装置，即在隧道顶部或隧道壁上方沿车行道安装数个水喷淋头，遇到火情时由中央控制室确认开启，及时进

行喷水灭火。水雾效果类似暴风雨，对扑灭火源有良好的效果。

### 2 逃生通道

隧道为相对封闭的空间，为提升发生事故时隧道内滞留人员逃生的有效性，隧道内设置了逃生通道，包括人行横通道、车行横通道、平行通道、隧道车道板下通道等。当隧道内发生交通事故或火灾时，驾乘人员可根据诱导系统的引导，通过逃生通道疏散逃生。由于隧道的结构形式、安全疏散要求、周边环境差别较大，不同隧道采用的逃生通道形式也存在差异，以下为我国隧道常采用的隧道逃生通道及其特点。

1）人行横通道

人行横通道是我国双洞隧道最为常见的逃生通道，垂直设置于上行、下行隧道之间，可实现隧道双向互联，建造及维护也相对容易。紧急情况下，现场人员可通过人行横通道穿行至另一侧隧道逃生疏散。隧道内通常每间隔250~350m设置一处，并在通道入口处安装防火门或防火卷帘。

## 人行横通道设置原则

《隧道设计规范 第一册 土建工程》(JTG 3370.1—2018)第4.5条规定,上、下行隧道之间应设横通道,人行横通道设置间距宜为250m,并不应大于350m。

《建筑设计防火规范(2018年版)》(GB 50016—2014)第12.1.7条规定,城市隧道双孔隧道应设置人行横通道或人行疏散通道,并应符合下列规定:

(1)人行横通道的间隔和隧道通向人行疏散通道入口的间隔,宜为250~300m。

(2)人行疏散横通道应沿垂直双孔隧道长度方向布置,并应通向相邻隧道。人行疏散通道应沿隧道长度方向布置在双孔中间,并应直通隧道外。

(3)人行横通道可利用车行横通道。

《建筑设计防火规范(2018年版)》(GB 50016—2014)第12.1.8条规定,单孔隧道宜设置直通室外的人员疏散出口或独立避难所等避难设施。

《城市地下道路工程设计规范》(CJJ 221—2015)第8.3.5条规定,一、二、三类通行机动车的双孔地下道路应设置人行横通道或人行疏散通道。人行横通道间距及地下道路通向人行疏散通道的入口间距，宜为250~300m。疏散净宽不应小于2.0m，净高不应小于2.2m。

2）车行横通道

车行横通道是长大双洞隧道常采用的逃生疏散形式。与人行横通道类似，车行横通道位于上、下行隧道之间，也可实现双向互联，但设置间距较大，通常为750~1000m，水底隧道为1000~1500m，因此中短隧道一般不设置。紧急情况下，车辆和现场人员都可听从指导，通过车行横通道有序逃生。车行横通道还可为救援车辆进入事发隧道提供通道及车辆转换行驶方向，平时还可用于隧道巡查、维修。

长度超过1km的隧道，隧道内通常设有人行、车行横通道，当发生不可预见的情况时，可使隧道内人员安全疏散。人行、车行横通道因其灾害发生后疏散效率高、速度快，通风较为顺畅，并且造价相对较低，目前广泛应用于我国大部分隧道。

小知识

## 车行横通道设置原则

《隧道设计规范 第一册 土建工程》(JTG 3370.1—2018)第4.5条规定,车行横通道设置间距宜为750m,并不应大于1000m;中、短隧道可不设。

《建筑设计防火规范(2018年版)》(GB 50016-2014)第12.1.6条规定,城市隧道通行机动车的双孔隧道,其车行横通道或车行疏散通道的设置应符合下列规定:

(1)水底隧道宜设置车行横通道或车行疏散通道。车行横通道的间隔和隧道通向车行疏散通道入口的间隔宜为1000~1500m。

(2)非水底隧道应设置车行横通道或车行疏散通道。车行横通道的间隔和隧道通向车行疏散通道入口的间隔不宜大于1000m。

(3)车行横通道应沿垂直隧道长度方向布置,并应通向相邻隧道;车行疏散通道应沿隧道长度方向布置在双孔中间,并应直通隧道外。

《城市地下道路工程设计规范》(CJJ 221—2015)第8.3.6条规定,一、二、三类通行机动车的城市地下道路,车辆安全疏散设计应符合下列规定:

（1）非水底地下道路应设置车行横通道或车行疏散通道，车行横通道间隔及通向车行疏散通道的入口间距宜为200~500m。

（2）位于水底的地下道路宜设置车行横通道或车行疏散通道，车行横通道间隔及地下道路通向车行疏散通道的入口间距宜为500~1500m。

3）平行通道

平行通道是平行于行车通道建设的辅助通道，通过横通道与相邻的行车道相通，多为隧道维护、服务、逃生使用，修建成本较高。火灾发生时即可作为人员专用疏散通道，紧急出口设置间隔通常为250~350m。与人行、车行横通道需从对向隧道撤离不同，隧道内滞留人员可经平行通道直接疏散至隧道外，通道内受到的干扰也较小。

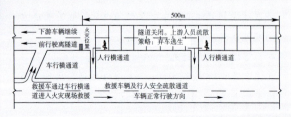

虽然《公路工程技术标准》（JTG B01—2014）提出特长隧道宜设平行通道，但目前国内外设计规范均未对平行通道给出操作性较强的规定，加之其建造维护成本较高，结构相对其他方式较复杂，因而在我国已建成的隧道中较少使用。厦门翔安隧道、青岛胶州湾隧道、港珠澳大桥隧道等采用了这种方式。

4）隧道车道板下通道

隧道车道板下通道利用盾构隧道车道板下富余空间建造而成，火灾发生时现场人员可通过滑梯、楼梯等方式迅速进入行车道下方疏散通道逃生。每个与滑梯、楼梯相连的紧急出口都有显著标记，并标明"紧急状态，由此疏散"或相似提示，另外还配有疏散通道的使用示意图。紧急出口的设置间隔不超过350m。

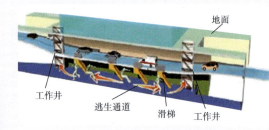

工作井　逃生通道　滑梯　工作井

除上述几种逃生通道外，还可利用竖井、斜井等设施逃生，但目前我国应用较少。我国许多长大隧道都采用了两种或以上组合的疏散设施形式，可提高火灾发生后驾乘人员的逃生概率。

### 3 避难设施

避难设施不仅可缓解逃生紧急出口的压力、舒缓人员紧张情绪、避免恐慌造成踩踏等二次灾害，为逃生人员提供临时保护，还可用于消防员暂时躲避烟雾和热气。对于较长的单孔隧道和水底隧道,采用人行疏散通道或人行横通道存在一定难度时,一般采用其他形式进行人员疏散或避难,如紧急避难室、避难洞等。

综上,对于目前的山岭隧道,通常采用横向疏散,通过人行和车行横通道连接两条主隧道。随着盾构法的广泛应用,一些大型的海(水)底隧道广泛采用车道板下疏散方案。对于长大海底隧道,通常设有专用的服务通道(如中央管廊)用于人员逃生。目前,我国山岭隧道、水底隧道及城市交通隧道内的应急设施如下。

| 山岭隧道设施 | | 隧道防火等级 | | | | | 备 注 |
|---|---|---|---|---|---|---|---|
| | | Ⅰ | Ⅱ | Ⅲ | Ⅳ | Ⅴ | |
| 交通控制及诱导 | 可变信息情报板 | ● | ● | ▲ | ■ | ■ | 通常隧道内外均设置,以提示隧道内外车辆 |
| | 车道指示器 | ● | ● | ▲ | ■ | ■ | |
| | 交通信号灯 | ● | ● | ▲ | | | |
| 紧急呼叫 | 紧急报警电话 | ● | ● | ▲ | ■ | ■ | 隧道内外都可找到,中、短隧道按情况配备 |

二 隧道安全应急设施

| 山岭隧道设施 | | 隧道防火等级 | | | | | 备注 |
|---|---|---|---|---|---|---|---|
| | | I | II | III | IV | V | |
| 紧急呼叫 | 手动报警按钮 | ● | ● | ▲ | ▲ | ■ | 常与声光报警器共同设置 |
| 应急广播 | 扬声器 | ● | ● | ▲ | ■ | ■ | 隧道内若没有有线广播则应有声光报警器 |
| 消防灭火 | 灭火器 | ● | ● | ● | ● | ● | |
| | 消火栓 | ● | ● | ● | ● | ● | 通常短隧道内部配备 |
| | 固定式水成膜灭火装置 | ● | ● | ▲ | ■ | ■ | 部分隧道没有水成膜灭火装置 |
| | 喷淋设施 | 部分长大隧道增设了灭火喷淋系统,其他隧道通常没有 | | | | | |
| 逃生疏散 | 疏散标志 | ● | ● | ▲ | ■ | ■ | 包括逃生疏散出口、疏散指示标志等 |
| | 逃生疏散通道 | (1)隧道内逃生疏散通道形式多种多样,通常根据隧道类型及要求在设计阶段进行科学合理的规划;<br>(2)非水底隧道常见疏散通道为人行横通道、车行横通道或组合形式;<br>(3)车行横通道可在1000m距离内找到,一般中、短隧道不设置车行横通道;<br>(4)人行横通道通常每250m可发现一处,最大不应超过350m | | | | | |

注:●表示隧道内必有,▲表示隧道内大概率拥有,■表示大概率没有或无要求。

| 水底隧道设施 | | 隧道防火等级 | | | | | 备 注 |
|---|---|---|---|---|---|---|---|
| | | I | II | III | IV | V | |
| 交通控制及诱导 | 可变信息情报板 | ▲ | ▲ | ▲ | ■ | ■ | 通常隧道内外均设置，以提示隧道内外车辆 |
| | 车道指示器 | ▲ | ▲ | ▲ | ■ | ■ | |
| | 交通信号灯 | ▲ | ▲ | ▲ | ■ | ■ | |
| 紧急呼叫 | 紧急报警电话 | ▲ | ▲ | ▲ | ■ | ■ | 隧道内外都可找到，中、短隧道按情况配备 |
| | 手动报警按钮 | ▲ | ▲ | ▲ | ■ | ■ | 常与声光报警器共同设置 |
| 应急广播 | 扬声器 | ▲ | ▲ | ▲ | ■ | ■ | 隧道内若没有有线广播则应有声光报警器 |
| 消防灭火 | 灭火器 | ● | ● | ● | ● | ● | |
| | 消火栓 | ▲ | ▲ | ▲ | ■ | ■ | 通常短隧道内部配备 |
| | 固定式水成膜灭火装置 | ▲ | ▲ | ▲ | ■ | ■ | 部分隧道没有水成膜灭火装置 |
| | 喷淋设施 | 部分长大隧道增设了灭火喷淋系统，其他隧道通常没有 | | | | | |
| 逃生疏散 | 疏散标志 | ● | ▲ | ▲ | ■ | ■ | 包括逃生疏散出口、疏散指示标志等 |
| | 逃生疏散通道 | （1）隧道内逃生疏散通道形式多种多样，通常根据隧道类型及要求在设计阶段进行科学合理规划；<br>（2）在水底隧道常见疏散通道为人行横通道、车行横通道、车道板下通道或组合形式； | | | | | |

二 隧道安全应急设施

| 水底隧道设施 | | 隧道防火等级 | | | | | 备 注 |
|---|---|---|---|---|---|---|---|
| | | I | II | III | IV | V | |
| 逃生疏散 | 逃生疏散通道 | （3）车行横通道可在1500m距离内找到，一般中、短隧道不设置车行横通道；<br>（4）人行横通道通常每250m可发现一处，最大不应超过350m；<br>（5）盾构隧道配有逃生楼梯、逃生滑梯 | | | | | |

注：●表示隧道内必有，▲表示隧道内大概率拥有，■表示大概率没有或无要求。

| 城市隧道设施 | | 隧道防火等级 | | | | | 备 注 |
|---|---|---|---|---|---|---|---|
| | | I | II | III | IV | V | |
| 交通控制及诱导 | 可变信息情报板 | ▲ | ▲ | ▲ | ■ | ■ | 通常隧道内外均设置，以提示隧道内外车辆 |
| | 车道指示器 | ▲ | ▲ | ▲ | ■ | ■ | |
| | 交通信号灯 | ▲ | ▲ | ▲ | ■ | ■ | |
| 紧急呼叫 | 紧急报警电话 | ▲ | ▲ | ■ | ■ | ■ | 隧道内外都可找到，中、短隧道按情况配备 |
| | 手动报警按钮 | ▲ | ▲ | ■ | ■ | ■ | 常与声光报警器共同设置 |
| 应急广播 | 扬声器 | ▲ | ▲ | ▲ | ■ | ■ | 隧道内若没有有线广播则应有声光报警器 |

| 城市隧道设施 | | 隧道防火等级 | | | | | 备注 |
|---|---|---|---|---|---|---|---|
| | | I | II | III | IV | V | |
| 消防灭火 | 灭火器 | ● | ● | ● | ● | ● | |
| | 消火栓 | ● | ▲ | ▲ | ■ | ■ | 通常短隧道内部配备 |
| | 固定式水成膜灭火装置 | ● | ▲ | ▲ | ■ | ■ | 长度大于3000m，允许危化品运输车通行的城市隧道必须有水成膜灭火装置 |
| | 喷淋设施 | 部分隧道增设了灭火喷淋系统，其他隧道通常没有 | | | | | |
| 逃生疏散 | 疏散标志 | ● | ● | ▲ | ■ | ■ | 包括逃生疏散出口、疏散指示标志等 |
| | 逃生疏散通道 | （1）隧道内逃生疏散通道形式多种多样，通常根据隧道类型及要求在设计阶段进行科学合理规划； （2）非水底隧道常见疏散通道为人行横通道、车行横通道或组合形式； （3）水底隧道常见疏散通道为人行横通道、车行横通道、车道板下通道或组合形式； （4）车行横通道可在1000m距离内找到，一般中、短隧道不设置车行横通道； （5）人行横通道通常每250m可发现一处，最大不应超过350m； （6）盾构隧道配有逃生楼梯、逃生滑梯 | | | | | |

注：●表示隧道内必有，▲表示隧道内大概率拥有，■表示大概率没有或无要求。

二 隧道安全应急设施

## 公路隧道防火等级

公路隧道防火等级是依据隧道在区域交通网中的重要性和火灾对隧道的危害程度设定。根据隧道长度及隧道单日平均交通量,我国隧道防火等级从高到低依次划分为Ⅰ、Ⅱ、Ⅲ、Ⅳ、Ⅴ五个等级。

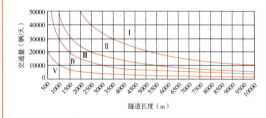

## 六 紧急停车带

所谓"紧急停车带",顾名思义是为"紧急情况"而备用的,供车辆发生故障或其他原因紧急停车使用的临时停车地带。当车辆途经隧道出现火灾或故障时,驾驶员应把车辆停靠在紧急停车带内,并找到最近的紧急电话呼叫,请求救援。

单向隧道紧急停车带通常在隧道行车方向右侧设置,设置间隔约750m,最大间隔不超过1000m,供隧道内突发事故车辆紧急停靠。隧道内紧急停车带长为50m,与紧急电话、手动报警按钮及灭火器、消火栓等消防设备配合设置。紧急停车带在单向双车道的隧道内较为常见,但在单向三车道及四车道的隧道内不常见。

双向隧道紧急停车带通常在行车道两侧交错设置,同侧间隔在800~1200m,最大不会超过1500m。隧道内的紧急停车带并非驾驶员任意停车的场所,其作用是用来停靠事故或故障车辆、为疏散救援提供场所。紧急停车带可在一定程度上保护驾驶员及乘客安全、避免追尾等二次事故发生。

## 紧急停车带的设置原则

《隧道设计规范 第一册 土建工程》(JTG 3370.1—2018)第4.4.5条规定,特长隧道、长隧道内不设硬路肩或硬路肩宽度小于2.5m时,单洞两车道隧道应设紧急停车带,单洞三车道隧道宜设紧急停车带,单洞四车道隧道可不设紧急停车带。

第4.4.6条规定,紧急停车带设置应符合下列规定:

(1)紧急停车带宽度为向行车方向右侧加宽不小于3.0m,且紧急停车带宽度与右侧侧向宽度之和不应小于3.5m。

(2)紧急停车带长度不宜小于50m,其中有效长度不应小于40m。

(3)紧急停车带横坡可取0~1.0%。

(4)单向行车隧道紧急停车带设置间距不宜大于750m,并不应大于1000m。

(5)双向行车隧道紧急停车带应两侧交错设置,同一侧间距宜采用800~1200m,并不应大于1500m。

# 三 隧道火灾事故预防

## 一 行车前安全风险防控

### 1 车辆技术状况检查

加强车辆出车前的安全检查,确保车辆技术状况良好。根据《汽车维护、检测、诊断技术规范》(GB/T 18344—2016)的规定,行车前驾驶员应对所驾车辆的驾驶室内部、发动机舱、车辆外部和轮胎等部位进行例行安全检查,确保制动、转向、传动、悬架、轮胎、灯光、信号等安全部位以及发动机运转处于完好状态,严禁车辆"带病"上路。

> **小贴士**
>
> **驾驶员要对所驾车辆进行安全检查**
>
> 《中华人民共和国道路交通安全法》(以下简称

《道路交通安全法》）第二十一条规定,驾驶人驾驶机动车上道路行驶前,应当对机动车的安全技术性能进行认真检查;不得驾驶安全设施不全或者机件不符合技术标准等具有安全隐患的机动车。

尽管《道路交通安全法》规定了车辆必须定期接受安全技术检验,但是,实际上最了解车辆安全状况的是经常驾驶车辆的驾驶员。驾驶员在上路行驶前通过检验发现自己驾驶的车辆有故障或者其他不符合安全技术性能情况的,如油电水系统有故障、制动系统性能不良、安全设备不齐等,要停止驾车上路,并及时对车辆进行维修,绝对不能存在侥幸心理。

| 序号 | 作业项目 | 作业内容 | 技术要求 |
|---|---|---|---|
| 1 | 车辆外观及附属设施 | 检查、清洁车身 | 车身外观及客车车厢内部整洁,车窗玻璃齐全、完好 |
| | | 检查后视镜,调整后视镜角度 | 后视镜完好、无损毁,视野良好 |
| | | 检查灭火器、客车安全锤 | 灭火器配备数量及放置位置符合规定,且在有效期内。客车安全锤配备数量及放置位置符合规定 |

| 序号 | 作业项目 | 作业内容 | 技术要求 |
|---|---|---|---|
| 1 | 车辆外观及附属设施 | 检查安全带 | 安全带固定可靠、功能有效 |
| | | 检查风窗玻璃刮水器 | 刮水器各挡位工作正常 |
| 2 | 发动机 | 检查发动机润滑油、冷却液液面高度，视情补给 | 油（液）面高度符合规定 |
| 3 | 制动 | 制动系统自检 | 自检正常，无制动报警灯闪亮 |
| | | 检查制动液液面高度，视情补给 | 液面高度符合规定 |
| | | 检查行车制动、驻车制动 | 行车制动、驻车制动功能正常 |
| 4 | 车轮及轮胎 | 检查轮胎外观、气压 | 轮胎表面无破裂、凸起、异物刺入及异常磨损，轮胎气压符合规定 |
| | | 检查车轮螺栓、螺母 | 齐全完好，无松动 |
| 5 | 照明、信号指示装置及仪表 | 检查前照灯 | 前照灯完好、有效，表面清洁，远近光变换正常 |
| | | 检查信号指示装置 | 转向灯、制动灯、示廓灯、危险报警闪光灯、雾灯、喇叭、标志灯及反射器等信号指示装置完好有效，表面清洁 |
| | | 检查仪表 | 工作正常 |

注：以上引用于《汽车维护、检测、诊断技术规范》（GB/T 18344—2016），"符合规定"指符合车辆维修资料等有关技术文件的规定。

三 隧道火灾事故预防

此外,危险货物运输车辆装卸作业开始前,要检查装卸料阀门、管路等有无腐蚀、生锈、裂纹等缺陷,有无松脱、渗漏等现象。装卸作业完毕后,要立即关闭紧急切断装置,并确保其在除装卸工作之外的所有情况下均处于关闭状态。

 小知识

### 危险货物运输车辆"上路前五必查"

(1)车辆号牌安装是否完好,安全检验标志、保险标志是否放置正确,行驶证、道路运输证、剧毒化学品道路运输通行证是否齐全有效、随车携带。

(2)车辆标志灯、标志牌、反光标识、侧后防护装置、灭火器等安全装置配置是否完好,卫星定位装置工作是否正常。

| 最大总质量 ($M$)(t) | 灭火器配置最小数量(个) | 适用于发动机或驾驶室的灭火器 | | 额外灭火器 | |
|---|---|---|---|---|---|
| | | 最小数量(个) | 最小容量(kg) | 最小数量(个) | 最小容量(kg) |
| $M \leq 3.5$ | 2 | 1 | 1 | 1 | 2 |
| $3.5 < M \leq 7.5$ | 2 | 1 | 1 | 1 | 4 |
| $M > 7.5$ | 3 | 1 | 1 | 2 | 4 |

注:容量是指干粉灭火剂(或其他同等效用的适用灭火剂)的容量。

（3）车辆制动、灯光、转向等安全系统是否符合运行要求，轮胎规格是否合格，磨损是否正常。

（4）液体危险货物运输罐车紧急切断装置是否安装完好，处于关闭状态。

（5）驾驶员驾驶证、驾驶员和押运员从业资格证等证件是否齐全有效、随身携带。

### 2 合理安排运输任务

营运车辆驾驶员要根据运输任务和运输距离提前制订合理的行车计划，确定实际行驶路线和备用行驶路线，了解行驶路线的交通状况、限制通行时段、限速限高限重等情况、气候条件、沿线安全隐患路段情况，以及危险货物运输车辆限制通行区域和高速公路服务区停车规定，保证驾驶员连续驾驶车辆的时间、停车休息时间及累计驾驶车辆时间符合相关规定要求。

**小贴士**

**客运驾驶员驾驶时间要求**

《道路旅客运输企业安全管理规范》第三十八条

规定，客运企业在制订运输计划时应当严格遵守客运驾驶员驾驶时间和休息时间等规定：

（1）日间连续驾驶时间不得超过 4h，夜间连续驾驶时间不得超过 2h，每次停车休息时间应不少于 20min；

（2）在 24h 内累计驾驶时间不得超过 8h；

（3）任意连续 7 日内累计驾驶时间不得超过 44h，期间有效落地休息；

（4）禁止在夜间驾驶客运车辆通行达不到安全通行条件的三级及以下山区公路；

（5）长途客运车辆凌晨 2—5 时停止运行或实行接驳运输；从事线路固定的机场、高速铁路快线以及短途驳载且单程运营里程在 100km 以内的客运车辆，在确保安全的前提下，不受凌晨 2—5 时通行限制。

客运企业不得要求客运驾驶员违反驾驶时间和休息时间等规定驾驶客运车辆。企业应主动查处客运驾驶员违反驾驶时间和休息时间等规定的行为，发现客运驾驶员违反驾驶时间和休息时间等规定驾驶客运车辆时，应及时采取措施纠正。

**小贴士**

## 危险货物运输车辆通行规定

《危险货物道路运输安全管理办法》第四十九条规定,有下列情形之一的,公安机关可以依法采取措施,限制危险货物运输车辆通行:

(1)城市(含县城)重点地区、重点单位、人流密集场所、居民生活区;

(2)饮用水水源保护区、重点景区、自然保护区;

(3)特大桥梁、特长隧道、隧道群、桥隧相连路段及水下隧道;

(4)坡长坡陡、临水临崖等通行条件差的山区公路;

(5)法律、行政法规规定的其他可以限制通行的情形。

除法律、行政法规另有规定外,公安机关综合考虑相关因素,确需对通过高速公路运输危险化学品依法采取限制通行措施的,限制通行时段应当在0—6时之间确定。

公安机关采取限制危险货物运输车辆通行措施的,应当提前向社会公布,并会同交通运输主管部门确定合理的绕行路线,设置明显的绕行提示标志。

载运易燃、易爆、剧毒、放射性等危险货物的运输车辆，按照相关的规定向相关部门报备行车路线。

> **小贴士**
>
> **危险货物运输车辆通行隧道管理**
>
> 《公路安全保护条例》第四十二条规定，载运易燃、易爆、剧毒、放射性等危险货物的车辆，应当符合国家有关安全管理规定，并避免通过特大型公路桥梁或者特长隧道；确需通过特大型公路桥梁或者特长隧道的，负责审批易燃、易爆、剧毒、放射性等危险物品运输许可的机关应当提前将行驶时间、路线通知特大型公路桥梁或者特长隧道的管理单位，并对在特大型公路桥梁或者特长隧道行驶的车辆进行现场监管。

### 3 对驾驶员进行安全告诫

驾驶员应遵循"情绪稳定、注意力集中、良好心理习惯、饮食规律、睡眠充足、加强锻炼、定期体检"七大原则，增强安全行车意识，确保行车安全。驾驶员在自身情绪不稳定、身体疲劳、饮酒、生病或服用了影响行车安全的药物时，应及时申请调整出车计划，主动请假休息。

### 酒后驾驶的危害

饮酒会影响驾驶员的中枢神经系统，导致驾驶员视力变差，注意力及判断力下降，反应迟钝，错误操作增多。饮酒后驾驶会使驾驶员过高估计自己的能力，不理睬他人的劝告，倾向于冒险、草率的驾驶行为，极易引发交通事故。

### 驾驶员情绪管理

无论是积极亢奋的情绪还是消极失落的情绪，都会影响行车安全。驾驶员应当学会调适自己的心理情绪，自觉克服各种不良的心理状态，保持情绪稳定健康：

（1）增强法制观念，认清情绪波动对行车安全的危害，保持高度的社会责任感；

（2）增强自身修养，遵守职业道德，积极处理好工作家庭生活和人际关系，保持高尚的情操和平常的心态；

（3）调节自我身心健康，通过转移情绪、积极自我暗示等恰当的方法调节不良情绪，保持心情舒畅，不在有思想包袱、心情沮丧、闹情绪时驾驶车辆，必要时向心理医生寻求帮助。

道路运输企业要指定专人在每天出车前对营运车辆驾驶员进行安全告诫，判断驾驶员生理、心理状况能否胜任驾驶任务，杜绝身体状态不佳的驾驶员强行出车。针对在安全告诫过程中发现的问题，安全告诫实施人员应及时上报，并采取相应的处置措施，杜绝驾驶员酒后、疲劳、带病、带不良情绪上岗或在上岗前服用影响安全驾驶的药物。

| 步骤 | 内　容 |
| --- | --- |
| 观察 | 驾驶员的身体状况和情绪表现，判断是否适宜驾驶车辆 |
| 询问 | 驾驶员的休息、近期工作、生活等情况，确定驾驶员是否符合安全行车的基本要求 |
| 提醒/抽查 | 驾驶员所携带的驾驶证、从业资格证、行驶证和车辆营运证是否齐全有效，车辆当日安全例检是否合格等 |

| 步骤 | 内　　容 |
|---|---|
| 通报 | 天气变化情况，车辆运行线路上的道路情况 |
| 叮嘱 | 驾驶员牢记安全第一，不超员、不超速，驾驶中不吸烟，按时休息，谨慎驾驶，文明驾驶，确保行车安全 |

> **小贴士**
>
> ### 安全驾驶
>
> 《道路交通安全法》第二十二条规定，机动车驾驶人应当遵守道路交通安全法律、法规的规定，按照操作规范安全驾驶、文明驾驶。
>
> 饮酒、服用国家管制的精神药品或者麻醉药品，或者患有妨碍安全驾驶机动车的疾病，或者过度疲劳影响安全驾驶的，不得驾驶机动车。
>
> 任何人不得强迫、指使、纵容驾驶人违反道路交通安全法律、法规和机动车安全驾驶要求驾驶机动车。

## 二 隧道内安全行车法则

隧道是公路的特殊路段，也是事故多发的路段之一。在隧道内行车，一定要遵守隧道内安全行车法则，从而避免事故发生。

## 1 入隧道前看信息提示

进入隧道前，要及时关注限制宽度、限制高度、最高车速限制、隧道保持车距警示、禁止超车等安全行车标志，同时注意车辆的宽度、高度是否符合限制标志的要求。

如果隧道内发生交通事故或出现其他紧急状况，隧道入口处的交通控制及诱导设施（可变信息标志、车道指示器、交通信号灯）会出现相应

的信息，驾驶员应注意提示信息并遵章行驶，同时注意与前方车辆保持足够的安全车距，保持高度警惕。

### 超限运输车辆通行隧道规定

《公路安全保护条例》第三十三条规定，超过公路、公路桥梁、隧道限载、限高、限宽、限长标准的车辆，不得在公路、公路桥梁或者隧道行驶。

第三十五条规定，车辆载运不可解体物品，车货总体的外廓尺寸或者总质量超过公路、公路桥梁、隧道的限载、限高、限宽、限长标准，确需在公路、公路桥梁、隧道行驶的，从事运输的单位和个人应当向公路管理机构申请公路超限运输许可。

### 2 提前减速，开启车灯照明

白天，驾驶员从明亮的环境中进入光线较暗的隧道时，瞳孔会迅速放大，出现短时间"致盲"的"黑洞效应"，人眼视力需要几秒的生理适应时间。因此，驾驶员在进入隧道前100m左右处应当提前降低车速，拉开与前车的距离，以相对慢一些的速度安全进入隧道，一般车速不要超过60km/h，具体可根据隧道前的最高车速限制标志提示来确定。

### 隧道视觉现象之"黑洞效应"和"白洞效应"

车辆驶进较长的隧道洞口时，在驾驶员视野中的天空、露天路面、附近建筑物等的亮度远高于隧道洞口的亮度，虽然实际上洞口也有相当的亮度，但驾驶员仍然会感到洞口很黑，像个"黑洞"，以致无法辨认洞口附近的情况，这种现象称为"黑洞效应"。

车辆从隧道内驶出时则刚好相反。驾驶员从隧道内较暗的环境过渡到隧道外部较亮的环境时，会感受到强烈的炫光，以至于只能看到一个白亮的洞口，而无法立即看清楚隧道外的状况，这种现象称为"白洞效应"。

驾驶员驾驶车辆进出隧道时，可以戴上浅色的墨镜或者变色镜，以减弱"黑洞"和"白洞"效应的影响。但是，墨镜颜色不宜太深，否则会影响视线。

驾驶员可同时开启前照灯、示廓灯、后位灯增加照明度，以便看清前方路况，并使后续车辆驾驶员及时发现自己的车。在双向行驶的隧道内，不可使用远光灯。

### 切勿开启远光灯

由于隧道内外光线亮度差较大，驾驶员在隧道内行车会感到视觉受限。如果驾驶员开启远光灯，灯光照射在前方车辆的后视镜上，会加剧前方车辆驾驶员的"白洞效应"，更容易出现危险。因此，驾驶员千万不要开远光灯，而应开近光灯行驶。

### 3 保持安全车距勿超速

由于进出隧道时光线亮度差较大,前车驾驶员会下意识地踩踏制动踏板,而此时后车驾驶员也正处在明暗变化适应状态,如果跟车距离太近则极易发生车辆追尾。因此,驾驶员需保持安全的车距,为自己预留足够的避让空间。

**小知识**

### 隧道内遇到危险货物运输车辆

首先要注意辨认危险货物运输车辆。目前,运输危险货物的车辆主要为罐车,也有部分危险货物采用载货汽车运送。按照相关规定,危险货物运输车辆都应在醒目位置放置"危险品"标识。社会车辆行车时应尽量避免与危险货物运输车辆并行,超车、会车时保持安全距离,切勿故意变道、加塞。

在车流量较大的路段行车时,可能遇到不得不长时间跟随危险货物运输车辆行驶的情况。由于罐车车身质量较大,载货之后整车惯性更大,因此要特别注意跟车距离。一般来说,后车与危险货物运输车辆之间应当保持一定的距离;道路拥堵时,后车一般会与前车保持1~2个车位的距离,这是后车驾驶员为保证制动滑行不追尾前车而留出的安全距离。同时也应注意千万不要贸然加塞,成为它们紧紧跟随的前车。

隧道内有严格的限速规定,如果遇到雨雪等恶劣天气,汽车尾气在隧道内潮湿的空气中无法挥发,容易在路面形成油垢降低路面摩擦系数,如果车辆行驶速度过快则极易发生侧滑。遇到纵坡结构隧道（前半部分路段为上坡，后半部分为下坡的隧道）时，由于驾驶员在隧道内没有相关参照物，存在视觉误差，不容易感觉到坡度的存在，需要通过车速表确定车速，避免超速行驶。

### 视错觉

视错觉包括速度错觉和距离错觉。速度错觉是指驾驶员在行车过程中由于行车环境单调，缺乏参考或者参考系选择不当时，会对自身行车速度产生错误感知。距离错觉即驾驶员在车辆行驶过程中对距离的判断产生较大误差。

开车进入隧道行驶，不能凭直觉判断车速，一定要通过车速表确认，同时与前车保持足够的车距，为自己预留足够的避让空间。一般隧道内行车的安全距离要保持100m以上，如果隧道比较长，则根据提示保持安全行车距离。

### 4 禁止变更车道、掉头及停车

隧道内不允许随意变更车道。隧道内光线较暗，部分隧道两侧比较狭窄，变更车道超车极易引发追尾、碰撞、刮碰隧道壁等事故。当前方发生拥堵或其他紧急情况时,驾驶员不可在隧道内掉头,而需在隧道运营单位或高速公路交警的引导下,掉头驶离隧道。

车辆停在隧道内十分危险,极易引发交通事故。部分驾驶员在行车中如发现车辆有问题,便会立即靠边停车检修。但在隧道内行驶时,只要车辆还能继续行驶,应尽可能将车驶出隧道;当车辆无法驶出隧道时,车上人员必须迅速离开车辆,打开危险报警闪光灯,按规定在车后方设置警告标志,再报警求助。

> **小贴士**
>
> ### 隧道内禁止掉头
>
> 《中华人民共和国道路交通安全法实施条例》(以下简称《道路交通安全法实施条例》)第四十九条规定,机动车在有禁止掉头或者禁止左转弯标志、标线的地点以及在铁路道口、人行横道、桥梁、急弯、陡坡、隧道或者容易发生危险的路段,不得掉头。

### 5 出隧道缓提速多观察

车辆驶出隧道时,驾驶员应通过车速表确认车速,不能凭直觉判断。到达出口时,应握稳转向盘,以防隧道口处的横风和路面结冰或积水引起车辆偏离行驶路线。要注意观察隧道口处的交通情况,在隧道出口处及时鸣喇叭,避免发生事故。驶出隧道后,切勿匆忙提速,以免因视觉不适应环境而造成危险。

 **安全口诀**

隧道行车要注意,减速慢行灯开启;
警告标示勤观察,进入隧道守规则;
保持车距不变道,勿看两壁不乱停;
关注仪表控车速,驶出隧道莫着急。

三 隧道火灾事故预防

## 四 隧道火灾事故处置

### 一 隧道火灾处置原则

#### 1 以人为本、生命至上

遇到紧急情况采取措施时,应以人员逃生为主,车辆疏散、财产保全为辅,优先保护人民群众的切身利益,始终将保障生命财产安全作为隧道火灾应急处置的最终目的。

#### 2 快速反应、果断处置

隧道内发生紧急情况时,驾驶员应快速反应、果断行动,争分夺秒地处置隧道内突发的各种紧急情况。

#### 3 有效应对、科学合理

因隧道相对封闭、次生危害严重,遇紧急情况时,驾驶员应采取积极有效的应对措施和科学合理的处置流程,沉着冷静地利用好隧道里的应急工具，尽可能提高逃生成功概率。

#### 4 自救为主、外救为辅

隧道火灾事故不可避免时，驾驶员应遵循"自救为主、外救为辅"的原则，积极组织开展自救逃生，通过驾乘人员协同合作，尽最大努力减轻事故的损失和后果。火灾发生初期以自救为主，当火势较大时以逃生为主。

## 隧道火灾应急处置

运输过程中一旦途经隧道发生火灾，在安全可行的情况下，驾乘人员应采取力所能及的救援措施。

#### 1 紧急停靠、放置警示

鉴于隧道火灾的危险性及其特点，一旦驾乘人员发现自身车辆有起火迹象，如车内散发橡胶或塑料烧焦的味道，或者发机动盖有烟雾冒出等车辆自燃初期现象，驾驶员要保持镇定，切勿慌张，尽量不要将车辆停留在隧道内。若车辆无法驶出隧道，应尽可能停靠在隧道右侧的紧急停车带上，避免二次事故的发生。对于只能停留在行车道内的车辆，驾驶员应立即开启危险报警闪光灯，在第一时间将危险信号传递出去，提醒其他车辆注意。然后穿上反光背心，在保证自身安全的前提下，在来车方向150m以外设置危险警告标志。

对于危险货物运输车辆，如在隧道内无法移动，驾驶员、押运员应及时关闭电源总开关，迅速切断整车电路，同时拨打报警电话，请求救援和建议有关部门进行交通管控，尽可能降低发生次生事故的概率，避免造成更大的人员伤亡和财产损失。同时备好运输单据（托运清单、运单、安全卡），以便救援人员获取有关信息。

**小贴士**

## 警告标志设置方法

《道路交通安全法》第五十二条规定,机动车在道路上发生故障,需要停车排除故障时,驾驶人应当立即开启危险报警闪光灯,将机动车移至不妨碍交通的地方停放;难以移动的,应当持续开启危险报警闪光灯,并在来车方向设置警告标志等措施扩大示警距离,必要时迅速报警。

《道路交通安全法》第六十八条规定,机动车在高速公路上发生故障时,应当依照本法第五十二条的有关规定办理;但是,警告标志应当设置在故障车来车方向150m以外,车上人员应当迅速转移到右侧路肩上或者应急车道内,并且迅速报警。

《道路交通安全法实施条例》第六十条规定,机动车在道路上发生故障或者发生交通事故,妨碍交通又难以移动的,应当按照规定开启危险报警闪光灯,并在车后50~100m处设置警告标志,夜间还应当同时开启示廓灯和后位灯。

四 隧道火灾事故处置

典型案例4

## 大型货车自燃　驾驶员奋勇开出隧道

2015年11月6日，一辆满载货物的大型货车行驶至贵州兰海高速公路遵义往重庆方向青杠哨隧道内（距离隧道出口1.5km）处，驾驶员肖某从反光镜中看到车辆后面有滚滚浓烟。有多年驾驶经验的肖某立即将车停在紧急停车道内，检查发现后轮及车辆尾部已经起火。

肖某立即拿出车上备用的一个灭火器，对准失火的地方一阵喷射。由于灭火器的容量较小，灭火材料很快被用完。眼见火势越燃越大，大量的浓烟在隧道内聚集，肖某束手无策立即报警。在自救不能完成的情况下，为防止货车燃烧爆炸，肖某跳上驾驶室，全速将"火车"驶出隧道，与赶到的交警、消防人员一道将大火扑灭。

## 2 检查判断、报警求援

驾驶员应快速查明车辆起火燃烧的对象、起火部位，查清是车辆燃烧、货物燃烧还是燃油燃烧，并初步判断车辆起火原因，以便报警求援时能够提供尽量多的有效信息。

危险货物运输车辆起火时，不要走近或触碰泄漏的危险货物，不要站在下风口，以免吸入废气、烟雾、粉剂和蒸汽。根据危险货物不同的危险特性（爆炸、易燃、腐蚀、剧毒等），按照相应的应急处置预案和操作规程妥善处置，或者是依据车辆后部安全告知牌进行正确处置。

四 隧道火灾事故处置

小知识

### "断电"保安全

当隧道内发生危险货物运输车辆事故时，在确定事故车辆运输种类前，现场严禁一切可能引起电火花的电气开关操作。当运输的危险货物为非易燃、易爆物品时，可进行电气开关操作。

驾乘人员应及时使用隧道内手动报警按钮、紧急电话，或用手机拨打"12122"报警请求救援。报警内容包括隧道名称、隧道方向、隧道起火距离、火势大小、燃烧物、报警人姓名、报警人联系方式。

对于长大隧道及隧道群,通常会设有隧道中央控制室对隧道内部情况进行全天24h视频监控。一旦隧道内发生火灾,驾乘人员报警求援应优先使用手动报警按钮和紧急电话,向隧道中央控制室报告。中央控制室管理人员收到报警后会通过隧道视频监控系统及时确认,通过沿线可变情报板、隧道广播设施、车道指示器等方式向现场人员提示告警信息,并在第一时间向相关部门报告情况,采取相应处置措施。

### 危险货物运输车辆事故报告

危险货物运输车辆如在隧道中起火,驾驶员、押运员需根据应急预案的要求,向隧道中央控制室报告,并提供事故类型及危险货物泄漏、起火等情况,装运的危险货物品名、数量及危险特征,车辆周围交通环境,事故影响范围等信息,备好运输单据(托运清单、运单、安全卡),以便消防救援人员获取有关信息。

### 3 利用隧道消防设施灭火

车辆起火初期,是最佳的灭火时机。在做好各种防护措施和确保自身安全的前提下,驾驶员可视实际情况取下随车灭火器或就近利用隧道内消防设施,在隧道上风向处使用灭火器进行灭火。使用灭火器时,先拔出保险销,一手握住喷射软管前端的喷嘴,一手提起灭火器按下压把,将喷嘴对准火焰根部喷射灭火。

## 隧道消防设施常识

根据隧道的长度，把隧道分为四类：第一类为长度在500m以下的隧道，称为短隧道，车辆在隧道内通行的时间很短（通常不足1min），火灾危险小，所以在设计时一般只考虑配置干粉灭火器。第二类为长度在500~1000m（含500m）的隧道，称为中隧道，火灾危险性较大，所以设计时考虑配置干粉灭火器、固定式水成膜泡沫两用灭火装置。第三类为长度在1000m（含1000m）以上的隧道，称为长隧道。第四类为长度在3000m（含3000m）以上的隧道，称为特长隧道。对于这两类隧道，其火灾危险性大，起火后容易造成重大的火灾损失，所以需配置干粉灭火器、消火栓和固定式水成膜泡沫灭火装置。遇紧急情况时，驾驶员可视实际情况根据隧道内配备的消防灭火设备设施对火势进行有效控制。

火势较大时，驾驶员应迅速取出消防水带，并向起火部位方向铺设，将水带一端与消火栓连接扣准插入滑槽，另一端以同样方式与水枪连接。连接完毕后，逆时针旋转打开阀门，将喷枪对准火焰喷射，直至火焰被完全扑灭。

危险货物运输车辆起火时,在安全可行的情况下,可使用灭火器扑灭轮胎、制动系统、发动机的小火或初始火源。特别是发生油类火灾时,可采用固定式水成膜泡沫灭火装置进行灭火。采用固定式水成膜泡沫灭火装置灭火时,应先开启水龙头开关,后开启泡沫开关,再拉出软管进行灭火。

| 车辆起火原因 | 起火部位或事故形态 | | 处置方法 |
|---|---|---|---|
| | 货车 | 客车 | |
| 车辆自身故障 | 发动机起火 | | 发动机舱着火,驾驶员应立即关闭点火开关,车上配置有电源总开关的,还应同时断开电源总开关,切断电源可防止因短路形成的新的电流。在掀开发动机盖之前,要事先准备好灭火器,并需要注意给油箱降温,因为打开发动机盖后,空气流通,火势会更猛。在掀开发动机盖时,身体不要距车太近,以免火苗突然窜出烧伤皮肤和面部。稍微掀开发动机盖后,要尽快用灭火器灭除火焰 |
| | 轮胎起火 | | 轮胎着火,驾驶员立即停车,并关闭点火开关和电源总开关。利用车载灭火器或隧道内消防灭火设备对起火位置喷射灭火 |

四 隧道火灾事故处置

道路安全运输 隧道火灾事故预防与应急处置

| 车辆起火原因 | 起火部位或事故形态 ||  处置方法 |
|---|---|---|---|
| | 货车 | 客车 | |
| 车辆自身故障 | 电气线路起火 || 在着火初始阶段，发动机熄火，使用车辆配备的灭火器对着火点扑灭，切断蓄电池电源。若火势较大且导致其他物质起火，则应撤离火灾现场，报警求援 |
| 车辆交通事故 | 碰撞 || 车辆倾覆、碰撞后发生的火灾，一般是由于油箱中燃油泄漏造成的，火源在车辆的外部。此时，车内人员应迅速离开驾驶室或车厢，如果车门变形不能打开，应砸碎车窗玻璃逃生，然后再设法灭火 |
| | 侧翻 || |
| 车辆所载货物自燃 | 普通货物燃烧 | — | 在起火初期，可采用灭火器，或用其他物品扑打，用沙土覆盖等方法。火势较大时，人员撤离现场，报警求助 |
| | 危险货物泄漏 | — | 管道泄漏或罐体孔洞型泄漏，设法关阀防止泄漏。若无法关阀止泄，应使用专用的管道内封式、外封式、捆绑式充气堵漏工具进行迅速堵漏，或用金属螺钉加黏合剂旋拧，或利用木楔、硬质橡胶塞封堵。若泄漏导致危险货物燃烧时，应迅速离开现场，报警求助 |

| 车辆起火原因 | 起火部位或事故形态 | | 处置方法 |
|---|---|---|---|
| | 货车 | 客车 | |
| 车辆所载货物自燃 | 危险货物燃烧 | 爆炸品 | 用水冷却达到灭火的目的，但不能采取窒息法或隔离法。禁止使用砂土覆盖燃烧的爆炸品，否则会由燃烧转为爆炸。扑救有毒性的爆炸品火灾时，应佩戴防毒面具，并及时报警求助 |
| | | 压缩气体和液化气体 | 对已着火的气瓶使用大量雾状水喷洒；火势不大时，可用二氧化碳、干粉、泡沫等灭火器扑救，并及时报警求助 |
| | | 易燃液体 | 采用泡沫、二氧化碳、干粉等灭火器扑救，并及时报警求助 |
| | | 易燃固体 | 根据易燃固体的不同性质，可用水、砂土、泡沫、二氧化碳、干粉灭火剂来灭火，但必须注意：遇水反应的易燃固体不得用水扑救，如铝粉、钛粉等金属粉末起火应用干燥的砂土、干粉灭火器进行扑救；有爆炸危险的易燃固体，如硝基化合物，禁用砂土压盖；遇水或酸产生剧毒气体的易燃固体，如磷的化合物和硝基化合物（包括硝化棉）、氮化合物、硫黄等，燃烧时产生有毒和刺激性气体，严禁用硝碱、泡沫灭火剂扑救，扑救时必须注意佩戴好防毒面具；赤磷在高温下会转化为黄磷，变成自燃物品，处理时应谨慎，并及时报警求助 |

四 隧道火灾事故处置

## 危险货物泄漏处置与人员安全防护

1. 泄漏物的处置

(1) 大量液体泄漏应进行围堵收集,使用封堵垫等盖堵下水道及排水口,尽可能控制在硬地化地面,防止流入河流、下水道,避免渗入地下,用可临时构造塑料布地池进行引流收集,阻止进一步泄漏,同时使用吸附棉、砂土、泡沫等覆盖,减少液体蒸发。

(2) 使用化油剂或洗衣粉对泄漏的易燃液体类进行稀释,将化油剂或洗衣粉倒(洒)在易燃液体类泄漏区域;使用防爆泵将收集好的易燃液体类转移到应急容器内。

(3) 收集的腐蚀性液体,可采用防爆泵(隔膜泵、自吸泵等)转移到应急容器内。

(4) 收集吸附物、高浓度的泥沙等装袋,地面残余采用中和或洗消的方式处理,并收集洗消废水。

(5) 收集的事故污染物、废水属于危险废物的,交有关环保处理单位处置。

(6) 爆炸性物质泄漏,采用松软的木糠、加水湿润与泄漏物混合,轻轻扫起装袋,交公安部门处置。

2.泄漏安全防护

（1）进入泄漏现场，必须佩戴必要的个人防护用品，注意从上风向进入。

（2）易燃气体、易燃液体泄漏区域应严禁火种、切断电源，禁止车辆进入，立即在边界设置警戒线。进入现场作业的人员，严禁携带火种、严禁吸烟、严禁进行会产生火星、静电的任何作业，并关闭随身携带的手机等非防爆通信工具和电子设备。

（3）气体类泄漏特别是毒性气体泄漏，现场作业人员应穿戴正压式空气呼吸器，并掌握气体密度，防止气体在低洼处聚集；腐蚀性物质泄漏，现场作业人员应穿戴全面罩、防化服、防护手套等，掌握酸碱特性及腐蚀强度。

（4）根据事故泄漏情况和污染程度，确定事故污染波及人员的防护和撤离，将其转移至上风向，确保人员安全。

（5）严禁单独行动，必要时用水枪、水雾防护。

如果火势无法控制，驾乘人员应立即利用逃生通道进行紧急疏散。若遇隧道内交通拥堵，周边车辆部分驾乘人员停留车内不明情况时，应迅速敲窗示意其尽快弃车撤离到安全地带。

▶ 典型案例5

## 大型客车起火　驾驶员迅速处置

2020年12月，吉林辉临高速公路长春方向板石三号隧道内有一辆大型客车起火，产生大量浓烟。据了解，车辆起火原因为发动机自燃。当发现车辆起火后，客车驾驶员采取紧急措施，利用车载灭火器及时将火扑灭，避免了事故发生。

## 三 隧道火灾逃生方法

除了采取消防安全措施预防火灾事故外，火灾发生后驾乘人员如何安全逃生，已越来越受到人们的重视。

### 1 车辆逃生自救

隧道内发生其他车辆自燃或火灾事故时，处于火灾点下风向的车辆应该继续前行，在确保行车安全前提下快速驶离隧道；而对处于火灾点上风向的车辆，驾乘人员应该果断下车，利用逃生通道进行紧急疏散。弃车逃离时，驾驶员应将车钥匙留在车内，方便后续救援人员在紧急情况下移走车辆，打开"生命通道"。切忌不可掉头逆向驶出隧道，这样可能会造成秩序混乱，引发次生事故。

### 火灾点上游与下游的划分

火灾点上游是指隧道行车进口至火灾点之间的隧道区段；火灾点下游是指火灾点至隧道行车出口之间的隧道区段。当单向交通隧道火灾点下游交通畅通时，起火隧道内的排烟方向应与隧道交通流方向相同，以保证火灾点上游区域无火灾烟雾，利于隧道内人员通过人行横通道及隧道行车进口疏散逃生，火灾点下游区域的机动车可安全驶离隧道。

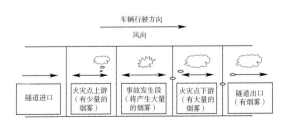

四 隧道火灾事故处置

在隧道内逃生时,驾乘人员应沉着冷静,听从隧道运营管理单位的统一指挥和引导,如根据隧道FM调频广播等隧道广播设施,驾驶车辆向前驶出隧道或根据指挥及时掉头驶离危险区域;同时按照沿线信息提示,如可变情报板、车道指示器等,利用隧道之间的车行横通道或洞口撤离至安全区域。

车行横通道的防火门通常采用卷帘门的形式,正常情况下处于关闭状态,发生紧急情况时可通过隧道中控室远程控制开启,或由逃生人员在卷帘门处按动开启按钮自动打开,或采用手动方式,按住把手用力向上提即可打开。

### 2 个人烟雾防护

隧道内火灾事故最危险的不是火,而是烟。特别是在长隧道内发生火灾事故,驾乘人员容易在浓烟中窒息和中毒。逃生时,驾乘人员应做好个人烟雾防护,用水沾湿手巾或衣物(可用矿泉水或隧道内消防水)捂住口鼻,借以滤烟防毒,并俯身往上风方向快速行走(或快速爬行)。同时严禁高声喊叫,否则会吸入较多的烟雾和有毒气体。

四 隧道火灾事故处置

### 隧道火灾常识

隧道发生火灾时产生的烟气是影响人员安全的主要因素。隧道因为纵深长，加之其为类似烟囱的形状，烟气会沿隧道纵向蔓延并逐渐沉降。一旦发生火灾容易造成很严重的后果。据测试，火场烟气的蔓延速度超过火的 5 倍，且会对人体造成很大伤害，蔓延烟气中夹杂的一氧化碳含量达到 0.5% 以上时，2~3min 就会导致人员死亡。

此外，隧道顶部烟气一般较浓，下部稀疏。烟气最初在隧道里的分布是不平均的，往往会伴随着高温向上方移动。

## 隧道火灾烟气对人体的危害

隧道内发生火灾时,其烟气对人体造成的危害主要体现在以下3个方面:

(1)烟气具有毒害性。烟气中所含的一氧化碳等有毒气体,会对被困人员呼吸系统产生毒害作用,危害巨大。

当火焰燃烧到一定的阶段,二氧化碳的浓度可达15%~23%;当空气中二氧化碳浓度大于20%,或者一氧化碳浓度大于1%时,短时间内可致人死亡。

随着火势的发展,隧道中热烟气层的高度不断降低,一旦降低至人的口鼻的高度,就会对人员的呼吸造成影响,威胁逃生人员的生命安全。

(2)烟气具有很强的减光性。烟气的蔓延会极大降低隧道内能见度。火势蔓延产生的烟气往往会使隧道内的照明中断,更加不利于人员逃生。

(3)烟气具有高温辐射性,起火点附近温度可达800~900℃,有时甚至高达1000℃以上。高温会灼伤人体皮肤,甚至导致人员死亡。研究表明,人在空气温度达到150℃的环境中,只能生存5min,这会对人员逃生造成巨大困难。

### 3 紧急通道逃生

隧道内逃生时，驾乘人员应根据疏散指示标志指引，沿着隧道内侧俯身往上风方向逃离；同时要留意听从隧道应急广播的统一指挥和引导，通过紧急疏散通道（人行横通道、车行横通道、平行通道以及隧道车道板下通道等）或出口撤离。

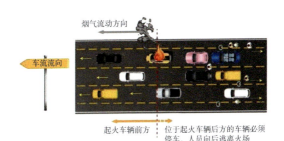

注：虚线后半部分为受影响车辆

以常见的双洞隧道为例，隧道内发生火灾事故时，驾乘人员可以经附近的人行横通道、车行横通道撤离至对向隧道。通过隧道后，驾乘人员切记要沿路侧检修道贴墙行走，避开隧道内高速行驶的车辆。

| 隧道分类 | | 隧道分类 | | | |
|---|---|---|---|---|---|
| 隧道分类 | 逃生通道 | 短隧道 ($L \leq 500m$) | 中长隧道 ($500 < L < 1000m$) | 长隧道 ($1000 \leq L \leq 3000m$) | 特长隧道 ($L > 3000m$) |
| 山岭隧道 | 人行横通道 | 通常设置间距为250m,最大不应超过350m | | | |
| 山岭隧道 | 平行通道 | 通常设置间距为250m,最大不应超过350m | | | |
| 山岭隧道 | 车行横通道 | 不设置 | 不设置 | 间距1000m | 间距1000m |
| 水底隧道 | 人行横通道 | 通常设置间距为250m,最大不应超过350m | | | |
| 水底隧道 | 车道板下通道 | 通常设置间距最大不应超过350m | | | |
| 水底隧道 | 车行横通道 | 不设置 | 不设置 | 间距1500m | 间距1500m |
| 城市隧道 | 人行横通道 | 通常设置间距为250m,最大不应超过350m | | | |
| 城市隧道 | 车道板下通道 | 通常设置间距最大不应超过350m | | | |
| 城市隧道 | 车行横通道 | 不设置 | 不设置 | 间距1000m | 间距1000m |

### 4 车内乘员脱困

在隧道行驶过程中,若遇到车辆自燃、起火或刑事纵火时,驾驶员要积极自救并组织车上乘员撤离车辆,以免发生爆燃事故。对于客运车辆,如果乘客门受损无法正常打开,可使用应急门、应急窗或安全顶窗等应急出口脱困。疏散时注意维护秩序,切忌慌乱,须注意隧道内其他通行的车辆,以免进一步造成踩踏、碰撞事故,使伤害范围扩大。

他救时,应采取正确的搬运方法,及时将伤员转移到安全地带。如果脱困过程中驾乘人员身上衣物起火,可迅速脱去燃烧的衣物,或就地卧倒,缓慢打滚压灭火焰。

| 逃生方法 | 逃生操作 |
| --- | --- |
| 乘客门逃生 | 发生紧急事故时,乘客逃生首选通道是乘客门。通常驾驶员操纵仪表板附近的乘客门应急开关,即可开启和关闭乘客门。当驾驶员无法紧急开启车门时,可通过乘客门上方设置的车门应急控制器(俗称"车门应急阀",标有提示旋转方向)手动从车内开启乘客门 |
| 应急窗逃生 | 应急窗上标有"应急出口"或者"EXIT"字样,通常可采用破窗器、应急锤等工具破窗,迅速打开逃生通道,使乘客安全快速撤离。当遭遇险情时,安装破窗器的,打开破窗器开关盖,按压开关按钮,应急窗玻璃会瞬间爆破,只需一推,整扇玻璃即会破碎掉落。未安装破窗器的,在应急窗玻璃上方中部或右上角有圆心击破点标志,借助安全锤(通常固定在应急窗附近)按其指示部位敲击即可。如没有圆心击破点标志,则需先用力敲击玻璃的边缘和四角,再猛力敲击其中部,即可破窗而出 |

四 隧道火灾事故处置

95

| 逃生方法 | 逃生操作 |
|---|---|
| 应急门逃生 | 应急门通常设置在车身左侧或后部。当乘客门受损严重无法正常打开时,要首先找到供紧急情况下使用的车门应急控制器,按照指示方向旋转,然后向外顺势推动应急门,即可开启 |

 小知识

### 隧道火灾事故逃生要领

(1)遇隧道火灾事故时应及时撤离车辆,朝着起火点烟雾流相反的方向逃跑,切记不要顺风逃跑。

(2)及时用水打湿毛巾或衣物捂住口鼻,以此过滤烟气。

(3)低身弯腰行走,烟气往往伴随着高温往隧道上部移动,下部烟气相对较少。

(4)留意隧道内的提示标志,及时找到隧道内的安全通道逃生。